Le château
Versaille

Illustré par Christian Heinrich
Réalisé par Gallimard Jeunesse
et Bruno Le Normand

GALLIMARD ✂ MES PREMIÈRES DÉCOUVERTES DE L'ART

As-tu déjà eu la chance d'aller à Versailles?
L'arrivée majestueuse au château se fait
en traversant trois cours : la cour d'Honneur,
la cour Royale, la cour de Marbre.

Versailles
est le château
du Roi-Soleil.

Louis XIV
se déguisait en soleil
pour danser.

Le soleil
est donc son emblème
et tu peux le retrouver presque partout
dans le décor.

Le roi se lève

La chambre du Roi
est le cœur
du château.

Chaque matin, le roi
se lève et s'habille
en public devant
les grands de la Cour...

La balustrade dorée
protège le roi de la foule.

Le roi reçoit

La chambre du Roi
est aussi la salle
du trône.

C'est le lieu
où le roi reçoit
ses ambassadeurs,
et distribue
les charges.

Le roi prie

Étant roi
de droit divin,
le roi assiste
à la messe
tous les jours.

Découvre ici
la chapelle royale
avec son sol coloré
et son exceptionnelle
décoration sculptée.

Le roi dîne

Pour le dîner,
dit le Grand Couvert,
on dresse une table rectangulaire
ornée de vaisselle en argent et en or.
Le dîner du roi est servi devant les dames et les seigneurs
de la Cour et aussi quelques curieux!

Le roi gouverne

Tous les jours, le roi tient conseil
et dirige les affaires de l'État.

Pour affirmer son pouvoir,
il se fait peindre
en empereur romain…

… ou avec les symboles de son pouvoir :
la couronne, le sceptre,
les fleurs de lys…

Le scintillement des nombreux miroirs
et des torchères dorées procure une atmosphère
féerique à cette immense enfilade.

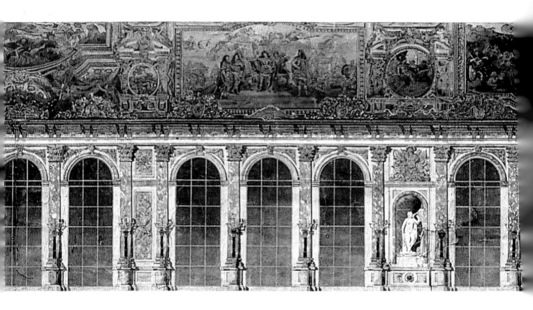

Le roi y donne les audiences les plus fastueuses,
de grandes réceptions et même des bals costumés.

Au centre du château et donnant sur les jardins…

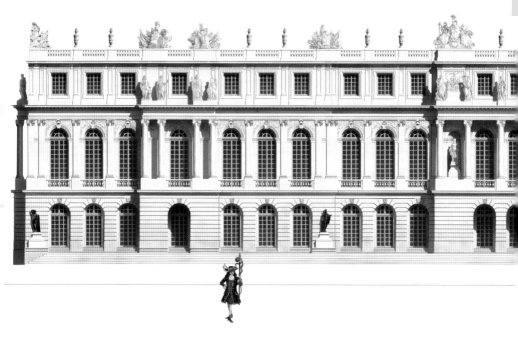

… la galerie des Glaces relie
les Grands Appartements du Roi et de la Reine.

Les plafonds peints
célèbrent la gloire du roi.

Le jardin est si vaste qu'il faut plusieurs heures pour en faire le tour.

Le soleil se lève dans l'axe du château.

Les jets d'eau du bassin d'Apollon s'élèvent en une gigantesque fleur de lys.

Le soleil se couche dans l'axe du Grand Canal.

Le bassin de Latone, de forme pyramidale,
est décoré de sculptures de pierre et de plomb doré.

Les allées du jardin sont ornées de buis
et d'ifs taillés par des centaines de jardiniers.

Sculpter ainsi la végétation,
c'est l'art du topiaire.

Derrière ces bosquets se cache la colonnade réalisée
dans des marbres colorés et décorée de 28 vasques de marbre blanc
crachant des jets d'eau qui retombent en cascade.

Versailles, aujourd'hui
comme au temps
de Louis XIV,
brille toujours
de mille feux.

✂MES PREMIÈRES DÉCOUVERTES DE L'ART

DÉJÀ PARUS DANS LA COLLECTION :

Le château de Versailles

Couverture : Courtisane, illustration de Christian Heinrich.
Soleil, cl. Bruno Le Normand/Gallimard Loisirs.
Louis XIV en prière dans la chapelle de Versailles, enluminure in manuscrit latin 947, coll. BNF, Paris.
La Nuit, Louis XIV en costume d'Apollon, ballet dessin, coll. BNF, Paris.
Façade du château, illustration de Bruno Lenormand/Gallimard Loisirs.
Louis XIV, illustration de Christian Heinrich.
Plan du château et des jardins de Versailles, illustration de Jean-François Pénau/château de Versailles.
Trophée, illustration de Bruno Lenormand/Gallimard Loisirs.
L'arrivée au château, illustration de Christian Heinrich.
Soleils, cl. Bruno Le Normand/Gallimard Loisirs.
La Nuit, Louis XIV en costume d'Apollon, ballet dessin, coll. BNF, Paris.
Le lever du roi, illustration de Christian Heinrich.
La chambre du Roi, illustration de Christian Heinrich.
Première promotion des chevaliers de l'ordre de Saint-Louis par Louis XIV à Versailles, le 8 mai 1693, François Marot, XVIIᵉ siècle, h/t, mv 2149, coll. château de Versailles, cl. RMN.
La chapelle, cl. RMN.
Le roi prie, illustration de Christian Heinrich.
Le roi dîne, illustration de Christian Heinrich.
Louis XIV tenant les sceaux, école française, 1672, h/t, mv 5638, coll. château de Versailles, cl. RMN.
Louis XIV et visiteurs, illustrations de Christian Heinrich.
Louis XIV âgé de 63 ans, d'après Hyacinthe Rigaud, XVIIᵉ siècle, h/t, mv 2041, coll. château de Versailles, cl. RMN.
Façade du château, illustration de Bruno Le Normand/Gallimard Loisirs.
La galerie des glaces, illustration de Bruno Le Normand/Gallimard Loisirs.
Bal masqué, illustration de Christian Heinrich.
La perspective depuis le bassin d'Apollon, illustration de Christian Heinrich.
La perspective depuis le parterre de Latone, illustration de Christian Heinrich.
L'art végétal, illustration de Christian Heinrich.
Bosquet de la colonnade, illustrations de Bruno Le Normand/Gallimard Loisirs et Christian Heinrich.
Fête de nuit, illustration de Christian Heinrich.

Responsable éditoriale : **Anne de Bouchony** • Maquette : **Concé Forgia**

ISBN : 2-07-057376-1
© Gallimard Jeunesse 2006
Dépôt légal : septembre 2006
Numéro d'édition : 139723

Imprimé en Italie
par Editoriale Lloyd
Loi n° 49-956 du 16 juillet 1949
sur les publications destinées à la jeunesse